- En cadeau -

LA VERSION AUDIO DU LIV

COMMENT ÇA MARCHE

1

Téléchargez l'app

Quelle Histoire

2

Déverrouillez

votre livre

3

Écoutez

votre histoire

Disponible sur App Store

DISPONIBLE SUR Google Play

Application compatible toutes tablettes et smartphones à partir de iOS 8 et Android 4.4.

Quelle Histoire

Édition et conception : Unique Heritage Editions SAS. 141, boulevard Ney 75018 Paris
Illustrations : Bruno Wennagel, Mathieu Ferret
Textes : Patricia Crété
Édition : Leslie-Fleur Picardat
Direction artistique : Kagna Toung
Maquette : Marie Colas

Siège social : 141, boulevard Ney 75018 Paris

www.quellehistoire.com

Fabriqué par Labelfab / Imprimé en France par Stin Imprimerie - Toulouse

Dépôt légal avril 2015

Loi n°49-956 du 16 juillet 1949 sur les publications destinées à la jeunesse

PEFC 10-31-2841

SECONDE GUERRE MONDIALE

La montée du nazisme

C'est en 1933 que tout commence : en Allemagne, Adolf Hitler est nommé chancelier du IIIe Reich. Il instaure très vite un gouvernement totalitaire basé sur la supériorité de la race blanche et sur la haine des juifs (antisémitisme) qu'il exterminera dans des camps entre 1941 et 1944. Ce génocide, qui fera 5 à 6 millions de morts, sera appelé « Shoah ». Mais il persécute et condamne aussi certaines personnes qui ne lui plaisent pas : homosexuels, gitans, handicapés, opposants politiques et résistants. Cet homme est très dangereux, mais aucun gouvernement d'Europe ne va l'arrêter.

1933 - 1939

L'invasion de la Pologne

Lorsque ce vendredi 1er septembre 1939, les troupes allemandes envahissent la Pologne, c'en est fini de la paix, difficilement négociée au traité de Versailles en 1919. Chacun choisit son camp et parfois va en changer... D'un côté, il y a les forces de l'Axe qui soutiennent l'Allemagne : l'Italie, l'URSS (jusqu'en juin 1941) et le Japon. De l'autre, il y a les Alliés qui s'opposent à l'Allemagne : la France et son empire colonial (en Afrique), le Royaume-Uni et son empire (le Canada, l'Australie, l'Inde), puis l'URSS et les États-Unis, à partir de 1941.

1939

1er septembre

POLOGNE

La bataille de France

La guerre est déclarée en septembre 1939... Les Français se retranchent derrière la ligne Maginot, des fortifications bâties le long de la frontière allemande, et attendent. Les Allemands attaquent le 10 mai par le nord. Les forts n'ont servi à rien. L'armée française est vaincue. Le 17 juin, le chef de l'État, Philippe Pétain, annonce la capitulation à la radio. Et le 22 juin, l'armistice est signé. La France se retrouve coupée en deux : le nord est occupé par les Allemands, tandis que le sud, plus libre, accueille la nouvelle capitale, Vichy. Comme dans tous les pays occupés, les nazis appliquent leur politique de persécution des juifs, minorités et opposants. Le nouveau gouvernement français va même les aider : on parle de « collaboration ».

1940

10 mai - 22 juin

De Gaulle et la France libre

Le général de Gaulle refuse l'armistice... Depuis Londres, où il s'est réfugié, il lance le 18 juin un appel à la radio anglaise, la BBC, pour tous les Français. Il demande de continuer la guerre aux côtés des Britanniques. Le Premier ministre britannique, Winston Churchill, le reconnaît officiellement chef de la France libre le 27 juin. Et les premiers Français arrivent en Angleterre, comme ces 133 pêcheurs de l'île de Sein, en Bretagne. Au début du mois de juillet, les 400 premiers volontaires se réunissent auprès du Général. Petit à petit, des colonies françaises (Tchad, Congo, Cameroun, Gabon...) rejoignent la France libre pour continuer le combat. Dans la France occupée, les résistants des Forces françaises de l'intérieur se rassemblent.

1940

18 juin

La bataille d'Angleterre

En juillet 1940, alors qu'Hitler est déjà maître d'une grande partie de l'Europe, il ordonne d'écraser le Royaume-Uni sous un déluge de bombes. 1 300 avions britanniques de la Royal Air Force, 2 700 avions allemands de la Luftwaffe prennent part à la bataille : attaques des navires britanniques dans la Manche, début août 1940 ; combats aériens jusqu'en septembre ; bombardements massifs sur Londres et les autres grandes villes jusqu'au printemps 1941, un événement connu sous le nom de *Blitz*. Les civils sont les premières victimes (50 000 morts), mais les Britanniques résistent, soutenus par leur roi George VI et son épouse qui n'hésitent pas à parcourir les rues de la capitale dans les gravats.

1940 - 1941

Opération Barbarossa

À 3 h 30 du matin, ce 22 juin 1941, Hitler décide d'attaquer l'URSS, son alliée… La surprise est totale ! Après les bombardements aériens, l'artillerie allemande entre en action. En quelques heures, les troupes du Reich s'enfoncent dans le pays. À la fin de l'année, les Soviétiques se réorganisent et contre-attaquent, aidés par le climat : des températures allant de moins 20 à moins 50 degrés ! Ils gagnent la bataille de Moscou en décembre 1941 et stoppent ainsi l'avancée allemande. De juillet 1942 à février 1943, Stalingrad est au cœur des combats. Les Soviétiques remportent une victoire qui est décisive pour la suite de la guerre.

1941

22 juin

Les États-Unis en guerre

La base américaine de Pearl Harbor (située sur l'archipel d'Hawaï dans le Pacifique), se réveille tranquillement ce dimanche 7 décembre 1941. Les États-Unis ne sont alors pas en guerre. Soudain, à 7 heures du matin, 183 avions japonais larguent leurs bombes sur les navires au mouillage. Un quart d'heure plus tard, une seconde vague termine le travail : 2 403 Américains sont tués, 188 avions ont été détruits, mais seuls 8 bateaux sont touchés ! Immédiatement, les États-Unis déclarent la guerre au Japon. Le Pacifique s'embrase. Sur le front européen, les Américains secondent les Britanniques dans les raids aériens contre les villes allemandes.

1941
7 décembre

Opération Torch

En 1942, un débarquement de grande ampleur est organisé par les Alliés (la Grande-Bretagne, les États-Unis et la France libre) en Afrique du Nord. Il s'agit de soutenir les Britanniques engagés contre les Italiens, et les forces armées françaises libres contre les Allemands. Les batailles, comme Bir Hakeim ou El Alamein, ont lieu en plein désert. Les résistants français (sous les ordres du général de Gaulle, le chef de la France libre) devront neutraliser l'armée de Vichy (celle de Philippe Pétain). C'est un succès qui a des conséquences importantes : la prise de contrôle de l'Afrique du Nord va permettre le débarquement en Sicile et la campagne d'Italie.

1942

8 novembre

Opération Husky

Le 10 juillet 1943, les Américains du général Patton, ainsi que les Britanniques et les Canadiens du général Montgomery débarquent en Sicile. En tout, ce sont 160 000 hommes, 4 000 avions et 3 200 navires, dont de nouvelles barges à fond plat qui permettent d'amener les hommes jusque sur la plage. Après 38 jours de combats, les troupes alliées gagnent la péninsule italienne. Entre-temps, l'Italie s'est rendue le 8 septembre. La campagne d'Italie avec la bataille du Monte Cassino (17 janvier-19 mai 1944) ou la prise de Rome (4 juin) contre des Allemands, qui sont seuls maintenant, marque les esprits.

1943
10 juillet

Deux débarquements en France

Le 6 juin, à l'aube, des milliers d'Américains sont parachutés sur les côtes normandes, suivis par des troupes américaines, britanniques, canadiennes et françaises (le commando Kieffer) qui débarquent sur 5 plages. Leur progression en Normandie, en Bretagne et vers la capitale, libérée le 25 août, est difficile. Pendant ce temps-là, le 15 août, les Alliés ont débarqué en Provence, entre Toulon et Cannes, et remontent vers le nord. Comme en Normandie, les résistants français ont joué un grand rôle dans la victoire finale. Les Allemands, pris en tenaille, reculent... La jonction des deux fronts alliés se fait le 12 septembre, du côté de Dijon.

1944

6 juin et 15 août

Capitulation de l'Allemagne

Bientôt, l'Allemagne est cernée par les Alliés qui progressent à l'ouest et les Soviétiques à l'est. Hitler s'est enfermé dans son bunker personnel à Berlin avec les hauts dignitaires nazis. Ils ne savent plus quoi faire. Le 25 avril, les combats font rage dans la banlieue berlinoise. Le 30 avril, au soir, les Soviétiques s'emparent de la ville et se rendent maîtres du bunker dans lequel Hitler vient de se suicider. Son successeur, l'amiral Dönitz, demande la cessation des combats. La capitulation, signée à Reims le 7 mai, est ratifiée à Berlin le 8 mai, dans la zone d'occupation soviétique, une date devenue un jour férié en France.

1945

8 mai

Capitulation du Japon

Dans le Pacifique, la guerre continue. Les Japonais utilisent contre la flotte américaine une unité d'attaque très particulière, les kamikazes. Ces pilotes précipitent leurs avions sur l'objectif ennemi, sacrifiant leur vie et faisant d'importants dégâts. Le nouveau président américain, Harry Truman, décide alors de larguer sur la ville japonaise d'Hiroshima la première bombe atomique de l'histoire, le 6 août 1945, suivie trois jours après par une seconde sur Nagasaki. Les morts se comptent par dizaines de milliers. L'empereur Hirohito doit accepter la paix... Le 2 septembre, à bord d'un navire américain ancré dans la baie de Tokyo, le Japon signe la capitulation officielle.

1945

2 septembre

• CHRONOLOGIE •

PRINCIPAUX ÉVÉNEMENTS

1er septembre 1939

L'Allemagne envahit la Pologne.

3 septembre 1939

La France et le Royaume-Uni déclarent la guerre à l'Allemagne.

30 novembre 1939

L'URSS attaque la Finlande.

26 mai 1940

Défaite des Alliés à Dunkerque.

14 juin 1940

Les Allemands occupent Paris.

18 juin 1940

Appel de De Gaulle aux Français depuis Londres.

1er juillet 1940

Le gouvernement de Pétain s'installe à Vichy.

30 octobre 1940

Pétain appelle à la « collaboration avec le Reich. »

27 avril 1941

L'offensive allemande en Égypte est stoppée

es Britanniques
emportent la
ataille d'Angleterre.

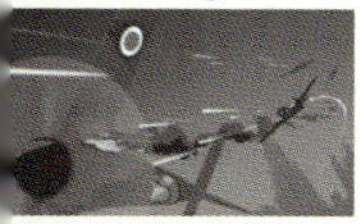

Mai 1941

22 juin 1941

Opération Barbarossa : l'Allemagne envahit l'URSS.

14 août 1941

Churchill et Roosevelt signent la charte de l'Atlantique.

3 septembre 1941

1er gazages massifs dans le camp de concentration d'Auschwitz.

Attaque japonaise de Pearl Harbor. Entrée en guerre des États-Unis.

7 décembre 1941

11 décembre 1941

L'Italie et l'Allemagne déclarent la guerre aux États-Unis.

27 au 28 mars 1942

Raid allié sur Saint-Nazaire.

Bataille de Midway dans le Pacifique. Victoire américaine.

3-7 juin 1942

Juillet 1942

Début de la bataille de Stalingrad.

Victoire décisive des Britanniques à El Alamein.

3 novembre 1942

8 novembre 1942

Débarquement allié au Maroc et en Algérie.

1939 | 1940 | 1941 | 1942 | 1943 | 1944 | 1945

• CHRONOLOGIE •

PRINCIPAUX ÉVÉNEMENTS

2 février 1943

Victoire des Soviétiques à Stalingrad.

28 juillet 1943

Bombardements alliés sur Hambourg.

8 septembre 1943

Capitulation de l'Italie.

3 décembre 1943

Début des combats de Monte Cassino.

20 janvier 1944

Raid aérien britannique sur Berlin.

9 mai 1944

Les Soviétiques reprennent la Crimée aux Allemands.

4 juin 1944

Les Alliés entrent dans Rome.

6 juin 1944

Les Alliés débarqu
en Normandie.

15 août 1944

ébarquement allié
Provence.

14 septembre 1944

Les Soviétiques entrent dans Varsovie (Pologne).

8 décembre 1944

Bombardement américain sur Iwo Jima (Japon).

27 janvier 1945

Libération du camp d'Auschwitz par les Soviétiques.

4 février 1945

Conférence de Yalta avec Churchill, Roosevelt et Staline.

30 avril 1945

Prise de Berlin par les Soviétiques. Suicide d'Hitler.

8 mai 1945

Capitulation de l'Allemagne.

26 juin 1945

Création de l'ONU.

17 juillet 1945

Conférence de Potsdam.

6 août 1945

Largage de la première bombe atomique de l'histoire sur Hiroshima.

9 août 1945

Largage de la seconde bombe atomique sur Nagasaki.

2 septembre 1945

Capitulation du Japon. Fin de la Seconde Guerre mondiale.

1939 | 1940 | 1941 | 1942 | 1943 | 1944 | 1945

Le monde

Légende de

LA CARTE

1

Invasion de la Pologne

Septembre 1939
Victoire de l'Axe

2

Bataille de Dunkerque

Mai-juin 1940
Victoire de l'Axe

3

Bataille d'Angleterre

Juillet 1940-mai 1941
Victoire des Alliés

4

Attaque de Pearl Harbor

7 décembre 1941
Victoire de l'Axe

5

Bataille de Bir Hakeim

Mai-juin 1942
Victoire des Alliés

6

Bataille de Stalingrad

Juillet 1942-février 1943
Victoire des Alliés

7

Bataille d'El Alamein

Octobre-novembre 1942
Victoire des Alliés

8

Bataille de Midway

Juin 1942
Victoire des Alliés

9

Le débarquement de Normandie

6 juin 1944
Victoire des Alliés

10

Conférence de Yalta

4 février 1945
Conférence alliée

11

Bataille de Berlin

Avril-mai 1945
Victoire des Alliés

12

Bombe d'Hiroshima

6 août 1945
1er largage d'une bombe atomique de l'histoire

Puissance de l'Axe

Puissance des Alliés

Conquête de l'Axe

Pays neutres

Philippe Pétain

(1856-1951)

Excellent militaire en 1914-1918, il est appelé au pouvoir le 17 juin 1940. Il signe l'armistice et instaure le régime de Vichy. À la Libération, il est condamné à la prison à perpétuité pour avoir collaboré avec les nazis.

Charles de Gaulle

(1890-1970)

Homme d'action, il lance de Londres son appel du 18 juin pour continuer la guerre. Chef de la France libre, président du Gouvernement provisoire (1944-1946), il devient président de la République (1959-1969).

Adolf Hitler

(1889-1945)

Chancelier du IIIe Reich en 1933, il instaure une véritable dictature en Allemagne, menant une politique raciste et expansionniste en Europe, provoquant la Seconde Guerre mondiale. Il se suicide plutôt que de capituler.

Joseph Staline

(1879-1953)

Surnommé le « Petit Père du peuple », le président du Conseil des commissaires du Peuple d'URSS impose à son pays une véritable dictature communiste. Il mène ses hommes à la victoire contre le Reich.

Winston Churchill

(1874-1965)

Premier ministre du Royaume-Uni de mai 1940 à juillet 1945, cet homme aussi célèbre pour ses mots d'esprit que pour son cigare aux lèvres réussit à mener les Britanniques à la victoire finale contre les forces de l'Axe.

Hirohito

(1901-1989)

124e empereur du Japon, son règne est l'un des plus longs de l'histoire japonaise. Allié au IIIe Reich nazi, il mène une guerre terrible en Asie et dans le Pacifique jusqu'au largage des bombes atomiques sur son pays.

Benito Mussolini

(1883-1945)

Fondateur du régime fasciste en Italie, proche de la politique du régime nazi d'Hitler, il est son allié. En 1943, une guerre civile éclate en Italie. Arrêté par les résistants italiens en avril 1945, il est fusillé.

Franklin Delano Roosevelt

(1882-1945)

Neutre au début du conflit, le président des États-Unis entre en guerre après l'attaque sur Pearl Harbor. Réélu pour la 4e fois en novembre 1944, malade et fatigué, il meurt en avril avant la signature de la paix.